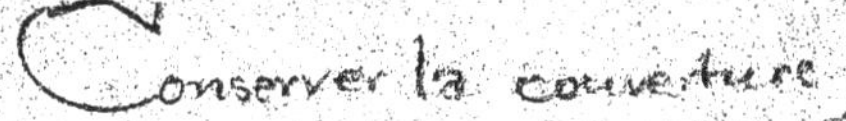

FORMULAIRE D'AUDIENCE

à l'usage des

PRÉSIDENTS D'ASSISES

PAR E. LETURC

CONSEILLER A LA COUR D'APPEL DE CAEN

CAEN

IMPRIMERIE E. LANIER

—

1899

FORMULAIRE D'AUDIENCE

à l'usage des

PRÉSIDENTS D'ASSISES

Par E. LETURC

CONSEILLER A LA COUR D'APPEL DE CAEN

CAEN

IMPRIMERIE E. LANIER

—

1899

Il y a lieu de rayer, en général, de la liste annuelle du jury :

Décès Les jurés décédés.

Inaptitude Ceux qui ne remplissent pas les conditions d'aptitude : français, 30 ans, jouissance des droits politiques, civils et de famille (L. 21 nov. 1872, art. 1).

Incapacité Ceux que la Loi déclare incapables d'être jurés, c'est-à-dire les condamnés à certaines peines....., les inculpés détenus, les officiers ministériels destitués, les faillis, interdits, aliénés..... (L. 21 nov. 1872, art. 2).

Incompatibilité Ceux qui exercent une profession incompatible avec les fonctions de juré, c'est-à-dire les magistrats, militaires, prêtres, certains fonctionnaires, les instituteurs (L. 21 nov. 1872, art. 3).

V. aussi art. 392 C I C pour incompatibilités accidentelles.

Exclusion Les serviteurs à gages et les illettrés (L. 21 nov. 1872, art. 4).

Dispense Les jurés qui invoquent une cause de dispense : septuagénaires, ouvriers, jurés précédents (L. 21 nov. 1872, art. 5).

Non-domicile Ceux qui n'ont pas leur domicile dans le département (L. 21 nov. 1872, art. 6).

Excuse *Il y a lieu de rayer, en général, de la liste du jury pour la session* ou même pour certains jours seulement, les jurés malades ou infirmes et ceux qu'un motif grave empêche de siéger (art. 397 et 391 §§ 4 et 5 C I C).

Absence Les jurés non touchés par la notification sont rayés de la liste du jury de session (V. art. 389 C I C).

Les jurés régulièrement convoqués qui font défaut ou qui refusent le service, sont *condamnés à une amende* de 200 à 500 fr. et reportés sur la liste annuelle (art. 396, 398 et 391 § 5 C I C. — L. 21 nov. 1872, art. 20).

Si le juré condamné se présente ultérieurement ou fait parvenir une excuse satisfaisante, la Cour peut le relever de l'amende prononcée.

Désignation inexacte Quand il y a eu erreur dans la désignation d'un juré, la Cour rectifie son état civil.

S'il n'y a pas identité entre la personne inscrite sur la liste du jury et le comparant, il convient de rendre un arrêt de radiation.

La présence de *30 jurés* idoines est absolument et toujours nécessaire pour procéder à la constitution du jury de jugement (L. 21 nov. 1872, art. 19).

En pratique, on tire un nombre de *jurés complémentaires* double ou triple de celui des jurés manquants ; on les envoie chercher et on ajoute à la liste de session, à défaut des premiers sortis au sort, ceux qui se présentent, jusqu'à parfaire le nombre de 30.

RÉVISION DE LA LISTE DU JURY DE SESSION

EN AUDIENCE PUBLIQUE

Ouverture de la session La session des Assises du département de....., pour le..... trimestre de l'année 19.., est ouverte.

Appel général des jurés On va procéder à l'appel général de MM les jurés (36 titulaires et 4 supplémentaires ou suppléants). Chacun d'eux voudra bien, à l'appel de son nom, répondre « présent ».

M le greffier, faites l'appel de MM les jurés.

Révision de la liste du jury de session MM les jurés qui ont des excuses à faire valoir, peuvent les exposer à la Cour.

M l'Avocat Général, veuillez prendre vos réquisitions sur la situation des jurés absents et sur les requêtes des jurés présents.

La Cour rectifie alors, par arrêt public, la liste du jury de session, en statuant sur les absences, dispenses et excuses. Elle ordonne, suivant les cas, que les noms des jurés seront rayés de la liste annuelle du jury, ou qu'ils seront seulement retirés de la liste de session et rétablis sur la liste annuelle.

Arrêt d'excuse

MODÈLE D'ARRÊT :

La Cour,
Ouï M l'Avocat Général en ses réquisitions,
Après en avoir délibéré,
Considérant qu'il résulte d'un certificat régulier délivré par le docteur Z, que M X se trouve en ce moment dans l'impossibilité de remplir les fonctions de juré,
Vu l'art. 397 C I C, ainsi conçu......., ainsi que l'art. 391 §§ 4 et 5 C I C,
Déclare M le juré X excusé pour la présente session; dit que son nom sera renvoyé à M le Premier Président *ou* à M le Président du Tribunal, afin qu'il soit compris dans les tirages ultérieurs du jury.

Jurés supplémentaires Si le nombre des jurés titulaires se trouve réduit à moins de 30, le Président doit compléter ce nombre par l'adjonction des jurés suppléants, suivant l'ordre de leur inscription (L. 21 nov. 1872, art. 19).

Jurés complémentaires En cas d'insuffisance, la Cour ordonnerait, par arrêt, le tirage au sort, en audience publique, de jurés complémentaires — sur la liste spéciale des jurés suppléants — et subsidiairement, parmi les jurés de la ville inscrits sur la liste annuelle (L. 21 nov. 1872, art. 19).

Remplacement des Président et Assesseurs

Si, en cours de session, le Président ou les assesseurs se trouvent empêchés, soit pour incompatibilité (art. 257 C I C), soit par indisposition ou autre cause,

Le *Président* sera remplacé, au chef-lieu de la Cour, par le plus ancien des Conseillers assesseurs, et, dans les autres départements, par le Président du Tribunal (art. 263 C I C),

Les *assesseurs* seront remplacés, au chef-lieu de la Cour, par des Conseillers que désigne le Premier Président (art. 264 C I C et 16 L. 20 avril 1810), et, dans les autres départements, par des juges que désigne le Président des Assises (art. 253 C I C) ou, en cas d'incompatibilité chez celui-ci, le Président du Tribunal (V. Cass. 2 mai 1873).

C'est le Président qui procède au *tirage du jury* de jugement, ordinairement sans publicité ; il peut opérer sans ses assesseurs. Mais s'il s'élève un incident contentieux, c'est la Cour qui doit statuer et par arrêt public.

Lorsque plusieurs affaires ont été fixées au même jour, il est plus conforme à la Loi de tirer les jurys de jugement, non pas consécutivement au début de l'audience, mais immédiatement avant les débats de chaque affaire (V. art. 405 C I C).

Adjonction d'assesseur et de jurés suppléants

Les jurés de jugement doivent être rigoureusement *au nombre de 12* (art. 399 et 400 C I C).

Toutefois, lorsqu'une affaire parait de nature à entraîner de longs débats, la Cour peut, par arrêt, ordonner l'adjonction d'un *assesseur* et le tirage au sort de 1 ou 2 *jurés suppléants*, pour remplacer les magistrats ou jurés qui deviendraient empêchés (art. 4 L. 25 Brumaire an VIII et 394 C I C).

Loi du 25 Brumaire an VIII, art. 4: « Dans les procès criminels de l'étendue de ceux mentionnés en « l'art. 1 (permettant l'adjonction de jurés suppléants), le Tribunal criminel s'adjoindra 2 juges du Tribunal « civil pour assister aux débats. »

Quant à la désignation des assesseurs, elle est faite, au chef-lieu de la Cour, par le Premier Président, et, dans les autres départements, par le Président de la Cour d'Assises (art. 252 C I C, 16 L. 20 avril 1810 et 253 dern. § C I C). — Les jurés adjoints étant tirés au sort, le droit de récusation se trouve réduit d'autant.

Interprète

Dans le cas où le Président nomme un interprète à l'accusé, il doit lui faire prêter *serment* en ces termes : « Vous jurez de traduire fidèlement les discours à transmettre entre ceux qui parlent des langages « différents ? » (V. art. 332 et 333 C I C).

Récusations

Le Ministère public et l'accusé peuvent exercer un *nombre* égal de récusations ; néanmoins la Loi en accorde une de plus à l'accusé, lorsque les jurés sont en nombre impair (art. 401 C I C). — Le nombre des récusations reste le même, qu'il y ait un ou plusieurs accusés (art. 402 C I C).

La *récusation* peut s'exercer jusqu'à la proclamation du juré suivant par le Président (Cass. 14 juin 1877 et 29 nov. 1883).

Si l'accusé refusait de comparaître à l'audience ou s'il mettait *obstacle au libre cours de la Justice,* le Président procéderait conformément aux art. 8, 9 et 10 de la Loi du 9 sept. 1835.

FORMATION DU JURY DE JUGEMENT

EN CHAMBRE DU CONSEIL

Présence de l'accusé

Accusé, vous êtes bien (nom, prénoms, âge, profession, domicile)? (art. 399 C I C).

Appel général des jurés

Je vais faire l'appel général de MM les jurés et déposer leurs bulletins dans l'urne. Chacun de vous, MM, à l'appel de son nom, voudra bien répondre « présent ».

Faire simultanément appel et dépôt (art. 399 C I C).

Récusations

Accusé, je vais procéder au tirage par la voie du sort des 12 jurés chargés de vous juger. Les jurés présents étant au nombre de 33, vous avez le droit d'en récuser 11; le Ministère public peut en récuser 10. Il est défendu d'exposer les motifs de récusation (art. 399 à 401 C I C).

(Lorsqu'il y a plusieurs accusés,) Les défenseurs se sont-ils concertés pour exercer leurs récusations? (art. 402 à 404 C I C).

NOMBRE DES RÉCUSATIONS :

36	35	34	33	32	31	30
12 — 12	12 — 11	11 — 11	11 — 10	10 — 10	10 — 9	9 — 9

Tirage

Tirer au sort les 12 jurés de jugement (art. 266 et 399 C I C).

M X (le premier sorti), Chef du jury..........

Veuillez prendre place sur les siéges qui vous sont réservés, dans l'ordre désigné par le sort (art. 309 C I C).

Le jury de jugement est formé. Il se compose de MM.......

Les autres jurés sont libres jusqu'à telle heure *ou* jusqu'à demain matin.

Constitution de partie civile

ARRÊT :

La Cour,
Sur les conclusions prises par Me Z, au nom de X,
Après avoir entendu Me Z, M l'Avocat Général, l'accusé et son conseil,
Et après en avoir délibéré,
Considérant qu'aux termes de l'art. 3 C I C, l'action civile peut être poursuivie en même temps et devant les mêmes juges que l'action publique,
Reçoit X partie civile intervenante au procès et lui donne acte de son intervention.

On peut se constituer partie civile *jusqu'à la clôture des débats* (art. 67 et 359 C I C — Cass. 4 août 1881). Le ministère d'avoué n'est pas nécessaire (Cass. 12 déc. 1873).

Le plaignant qui s'est constitué partie civile, *ne peut plus témoigner* (Cass. 24 nov. 1876). Il a d'ailleurs le droit de faire entendre des témoins, comme le Ministère public et l'accusé (art. 315 C I C).

Au cours des *dépositions*, le Président demandera aux témoins s'ils sont parents ou alliés de la partie civile et s'ils sont attachés à son service (art. 317 C I C) ; — à la partie civile si elle a des questions à adresser, soit aux témoins, soit à l'accusé (art. 319 C I C).

Pour les *plaidoiries*, il donnera d'abord la parole à la partie civile ou à son conseil (art. 335 C I C).

Les jurés suppléants qui auraient été adjoints aux 12 jurés de jugement par application de l'art. 394 C I C, prêtent *serment* en même temps qu'eux.

Le juré qui refuse de prêter serment, est passible de l'amende indiquée page 2. Mais la Cour serait incompétente pour le condamner à des dommages-intérêts envers l'accusé (Cass. 20 mai 1882, 13 févr. 1886).

Huis-clos

Le huis-clos peut être ordonné dès que les jurés ont prêté serment ; mais on ne le prononce, en général, qu'après la lecture de l'arrêt de renvoi et de l'acte d'accusation.

ARRÊT :

La Cour,
Ouï M l'Avocat Général en ses réquisitions, l'accusé et son conseil en leurs observations,
Après en avoir délibéré,
Considérant que la publicité des débats qui vont avoir lieu, présenterait des dangers pour les bonnes mœurs,
Vu l'art. 81 de la Constitution du 4 nov. 1848 ainsi conçu : « Les débats sont publics, à moins que « la publicité ne soit dangereuse pour l'ordre ou les mœurs ; et, dans ce cas, le Tribunal le déclare par « un jugement » ;
Ordonne que *les débats auront lieu à huis-clos.*
Huissiers, faites retirer le public et fermer les portes de la salle d'audience.

Malgré le huis-clos, *tous les arrêts incidents doivent être rendus publiquement.* En pratique, on se borne à ouvrir les portes de l'auditoire, sans laisser entrer le public.

Témoin défaillant

ARRÊT :

La Cour,
Ouï M l'Avocat Général en ses réquisitions, l'accusé et son conseil en leurs observations,
Après en avoir délibéré,
Considérant, d'une part, que le témoin X ne comparaît pas, quoique régulièrement cité, et qu'il n'a fait parvenir à la Cour aucune excuse légitime,
Vu les art. 304, 355 § 3 et 80 C I C, lesquels sont ainsi conçus......,
Considérant, d'autre part, que la présence dudit témoin ne paraît pas indispensable à la manifestation de la vérité (V. art. 354 et 355 C I C),
Condamne par corps X à (100 fr. maximum) d'amende et aux frais de l'incident,
Et ordonne qu'il sera *passé outre aux débats.*

Au cas de renvoi à une autre session, la Cour pourrait mettre l'accusé en liberté provisoire (L. 8 déc. 1897, art. 11).

Si le témoin condamné se présente plus tard et fournit des explications satisfaisantes, la Cour peut, par un nouvel arrêt, le décharger de l'amende prononcée (V. art. 356 C I C).

DÉBATS

Ouverture de l'audience

L'audience est ouverte.

État civil de l'accusé

Accusé, quels sont vos nom, prénoms, âge, profession, demeure, lieu de naissance ? (art. 310 C I C).

Je rappelle au conseil de l'accusé les dispositions de l'art. 311 C I C.

Serment des jurés

MM les jurés, veuillez vous lever pour prêter serment :
« Vous jurez et promettez, devant Dieu et devant les hommes, d'examiner avec « l'attention la plus scrupuleuse les charges qui seront portées contre N ; de ne « trahir ni les intérêts de l'accusé, ni ceux de la société qui l'accuse ; de ne « communiquer avec personne jusqu'après votre déclaration ; de n'écouter ni la « haine ou la méchanceté, ni la crainte ou l'affection ; de vous décider d'après les « charges et les moyens de défense, suivant votre conscience et votre intime « conviction, avec l'impartialité et la fermeté qui conviennent à un homme probe « et libre. »

Chacun des jurés, appelé individuellement par le Président, répond, en levant la main droite, « *Je le jure.* » (art 312 C I C).

MM, vous pouvez vous asseoir.

Avertissements et Lecture

Accusé, soyez attentif à ce que vous allez entendre.

M le greffier, donnez lecture de l'arrêt de renvoi et de l'acte d'accusation (art. 313 C I C).

Ainsi, vous êtes accusé de (rappeler les éléments constitutifs du crime). Vous allez entendre les charges qui seront produites contre vous (art. 314 C I C).

M. l'Avocat Général désire-t-il exposer le sujet de l'accusation ? (art. 315 C I C).

Appel des témoins

M le greffier, donnez lecture de la liste des témoins. Chaque témoin répondra « présent » à l'appel de son nom (art. 315 C I C).

Huissiers, faites retirer les témoins dans la chambre qui leur est destinée. Ils n'en sortiront que pour déposer. Ils ne doivent pas conférer entre eux du crime, ni de l'accusé, avant leur déposition (art. 316 C I C).

Interrogatoire

Aucune disposition de loi ne prescrit expressément l'interrogatoire : il est donc purement facultatif.

Quand il y a *plusieurs accusés*, c'est le Président qui détermine le rang d'examen de chacun d'eux, en commençant par le principal accusé (art. 334 et 267 C I C). Il peut les examiner ensemble ou séparément (art. 327 C I C).

Audition des témoins

La prestation de *serment* peut indifféremment précéder ou suivre les interpellations prescrites par l'art. 317 § 2 C I C).

Les témoins qui ont été régulièrement *notifiés*, alors même qu'ils n'auraient reçu aucune assignation, doivent être entendus sous la foi du serment, à moins que toutes les parties ne renoncent formellement à leur audition (art. 315, 321 et 324 C I C — Cass. 14 mars 1873, 12 janv. 1882, 29 juillet 1886). Quant aux témoins qui auraient été *assignés*, sans être notifiés, la partie adverse peut s'opposer à leur audition ; mais si elle n'élève pas d'opposition, ils doivent aussi être entendus sous serment (art. 315 C I C — Cass. 14 juillet 1871).

Néanmoins, sont incapables de témoigner en justice les *condamnés* à la dégradation civique (art. 34 n° 3 C P) ou à l'interdiction de l'art. 42 n° 8 C P. Les *mineurs de 15 ans* ne peuvent pas non plus déposer sous serment (art. 79 C I C). Il en est de même des *parents et alliés de l'accusé*, qui sont limitativement indiqués par l'art. 322 C I C. Mais la prestation de serment de ces divers témoins n'engendrerait une nullité, qu'autant que l'une des parties s'y serait opposée (Cass. 19 juin 1884, 4 février 1887).

Au surplus, le Président a le droit, en vertu de son pouvoir discrétionnaire, de faire entendre, *à titre de simples renseignements*, les personnes dont le témoignage n'est pas admis (art. 268 et 269 C I C).

Il peut également ordonner la *lecture des dépositions* écrites, comme des autres pièces du dossier. Toutefois on ne doit pas perdre de vue que le principe du débat oral régit et domine la procédure d'assises ; ainsi la lecture de la déposition d'un témoin présent, avant son audition, serait une cause de nullité (Cass. 18 juin 1874, 7 sept. 1882).

Suspicion de faux témoignage

Rapp. art. 372 et 318 C I C.

Lorsque, d'après les débats, la déposition d'un témoin paraît fausse, le Président peut faire sur-le-champ *mettre le témoin en état d'arrestation* (art. 330 C I C).

ORDONNANCE :

Nous, Président de la Cour d'assises,

Considérant que la déposition qui vient d'être faite à l'audience par X sous la foi du serment, comparée avec les dépositions des autres témoins, paraît fausse et mensongère,

Vu l'art. 330 C I C,

Ordonnons que X soit mis à l'instant même en état d'arrestation ; commettons M l'assesseur Z à l'effet de procéder à son interrogatoire, entendre les témoins utiles et faire tous actes d'instruction qu'il jugera convenable, pour être ensuite statué ce qu'il appartiendra.

Le Président peut rapporter son ordonnance, si le témoin rétracte sa déposition avant la clôture des débats.

Dans le cas où la déposition incriminée est un élément nécessaire au jugement du procès criminel, c'est la Cour qui, par arrêt, renvoie l'affaire à la prochaine session (art. 331 C I C).

La jurisprudence admet que le Président pourrait se borner à faire *garder à vue* par la gendarmerie le témoin suspect jusqu'à la fin des débats (Cass. 26 déc. 1879).

L'accusé ou son conseil et la partie civile ne peuvent faire des *questions aux témoins* que par l'organe du Président (art. 319 C I C).

Il est prudent de *recommander aux jurés* d'éviter, en posant des questions, de manifester leur opinion (art. 353 C I C. — V. Cass. 16 janv. 1873, 21 juillet 1881, 24 nov. 1887).

Expertise

L'expert de l'instruction, qui est appelé comme témoin, prête le serment ordinaire des témoins (art. 317 C I C — Cass. 27 janv. 1887).

Mais le Président peut, à l'audience même, en vertu de son pouvoir discrétionnaire, ordonner une expertise (art. 268 et 269 C I C). Dans ce cas, l'expert qui remplit sa mission et en rend compte à titre de renseignement, n'a pas à prêter serment (Cass. 15 févr. 1872. — Rapp. Cass. 8 août 1873, 31 déc. 1885).

S'il se produit un incident contentieux, l'expert est commis par arrêt de la Cour. Il est alors astreint au *serment de l'art. 44 C I C :* « Vous jurez de faire votre rapport et de donner votre avis en votre honneur et conscience ? » (Cass. 8 avril 1869, 27 déc. 1878).

En cas de réplique, l'accusé ou son conseil doivent toujours avoir la *parole les derniers* (art. 335 C I C).

Fin du huis-clos

Le huis-clos cesse nécessairement à la clôture des débats.

Huissiers, faites rouvrir les portes de la salle d'audience et laissez entrer le public.

Interrogatoire

Accusé, levez-vous.

Le Président l'interroge.

MM l'Avocat Général, le défenseur, les jurés ont-ils des questions à adresser à l'accusé ?

Asseyez-vous.

Déposition des témoins

Huissier, faites venir le premier témoin..... Faites entrer le témoin suivant.....

Témoin, levez la main droite. « Vous jurez de parler sans haine et sans crainte, « de dire toute la vérité et rien que la vérité » ? Répondez : « *Je le jure* » (art. 317 CIC).

Quels sont vos nom, prénoms, âge, profession, domicile ou résidence ?

Connaissiez-vous l'accusé avant le fait mentionné dans l'acte d'accusation ?

Êtes-vous son parent ou son allié ? à quel degré ?

Êtes-vous attaché à son service ? ou l'est-il au vôtre ?

Faites votre déposition (art. 317 CIC).

C'est bien de l'accusé présent que vous avez entendu parler ? (art. 319 CIC).

Accusé, avez-vous quelque chose à répondre à ce qui vient d'être dit ? MM l'Avocat Général, le défenseur, les jurés ont-ils des questions à adresser au témoin ? (art. 319 CIC).

Témoin, allez vous asseoir. Restez dans l'auditoire (art. 320 CIC).

Pièces à conviction

Au cours des dépositions, le Président fait représenter les pièces à conviction à l'accusé et aux témoins utiles (art. 329 CIC).

L'audience est suspendue pendant..... (art. 353 C I C).

L'audience est reprise.

Plaidoiries

M l'Avocat Général, vous avez la parole.

Me N, vous avez la parole.

Accusé, avez-vous quelque chose à ajouter pour votre défense ? (art. 335 C I C).

Clôture des débats

Les débats sont terminés (art. 335 C I C).

Position des questions

1er fait principal — circonstances : 1re, 2e, 3e.

2e fait principal — circonstances... ...

Question subsidiaire posée par le Président comme résultant des débats.

Excuse

Par exception, *sur les questions d'excuses,* c'est la réponse négative qui doit être rendue à la majorité, parce qu'elle est contraire à l'accusé : « Non, à la majorité ». En cas de partage, la réponse serait affirmative : « Oui » (art. 339 et 347 C I C — Cass. 22 juillet 1871).

Relativement aux *circonstances atténuantes*, il faut autant de scrutins qu'il y a d'accusés et une déclaration spéciale, distincte et personnelle pour chacun d'eux (Cass. 11 janv. 1850, 12 août 1880).

Signature

La *signature du Chef du jury* est essentielle (Cass. 8 août 1872); mais elle peut être apposée, soit dans la chambre des délibérations, soit à l'audience avant celle du Président (art. 349 C I C — Cass. 8 mai 1884).

Les interlignes, *ratures, renvois* et surcharges doivent être approuvés (art. 78 C I C — Cass. 2 août 1877, 2 sept. 1886).

Au cas de *remplacement du Chef du jury*, le Chef choisi ajoute à sa signature la mention suivante : « X, Chef désigné par les autres jurés, en remplacement du premier sorti par le sort et de mon consentement » (art. 342 C I C).

Les *jurés suppléants* qui auraient été *adjoints* aux 12 jurés de jugement par application de l'art. 394 C I C, doivent se retirer dans une autre salle. Ils ne peuvent prendre part à la délibération que s'ils ont été appelés à remplacer l'un d'eux.

DÉCLARATION DU JURY

Lecture des questions

MM les jurés, voici les questions que vous avez à résoudre. *Donner lecture des questions posées* et signées par le Président (art. 336 CIC).

Instruction aux jurés

Tous vos votes doivent avoir lieu au *scrutin secret* (art. 341, 345, 346 CIC). Néanmoins, vous avez le droit de discuter avant de voter (D. 6 mars 1848, art. 5).

Vos décisions contre l'accusé se forment *à la majorité,* c'est-à-dire par 7 voix au moins, tant sur le fait principal que sur chacune des circonstances aggravantes. Votre déclaration doit constater cette majorité, sans que le nombre des voix puisse y être exprimé. Toute réponse affirmative se formule en ces termes : « Oui, à la majorité ». Quant aux réponses négatives, il suffit pour les libeller de ce simple mot « Non », sans autre indication (art. 347 CIC).

Vous délibérerez d'abord sur le fait principal et ensuite sur chacune des circonstances aggravantes. Vous devez répondre à toutes les questions qui vous sont posées ; toutefois, la réponse négative à un fait principal dispense de statuer sur les circonstances qui s'y rattachent (art. 344 CIC).

Toutes les fois que la culpabilité de l'accusé est reconnue, M le Chef du jury est tenu de poser d'office la question des *circonstances atténuantes.* Si vous pensez à la majorité qu'il en existe, vous l'ajouterez à votre déclaration en ces termes : « A la majorité, il y a des circonstances atténuantes en faveur de N ». S'il n'y a pas de majorité pour admettre des circonstances atténuantes, le verdict gardera le silence (art. 341, 347 CIC; L. 13 mai 1836, art 1 et 2). — (Lorsqu'il y a plusieurs accusés, le vote et la déclaration sur les circonstances atténuantes doivent être spéciaux et distincts pour chacun d'eux).

La déclaration sera ensuite datée et *signée* par M. le Chef du jury (art. 349 CIC).

Remise des questions

Je vous fais remettre, dans la personne de M. le Chef du jury, les questions écrites, ainsi que les pièces du procès criminel, moins les déclarations écrites des témoins (art 341 CIC).

Retraite des jurés

Veuillez vous rendre dans votre chambre pour y délibérer. Vous n'en pouvez sortir qu'après avoir formé votre déclaration (art. 342 et 343 CIC).

Je donne au chef de la gendarmerie de service l'ordre spécial et écrit d'en faire garder les issues (art. 343 CIC).

Sortie de l'accusé

Gendarmes, faites retirer l'accusé de l'auditoire (art. 341 CIC).

L'audience est suspendue.

Le Président ne doit lui-même *pénétrer dans la chambre des jurés* que s'il y est invité par écrit (art. 343 C I C). D'habitude, il s'y rend en passant par la salle d'audience et il remet au greffier l'invitation qu'il a reçue.

Renvoi des jurés

ARRÊT :

La Cour,
Vu la déclaration du jury,
Ouï M l'Avocat Général et le conseil de l'accusé,
Après en avoir délibéré,
Considérant que les réponses aux 2e et 3e questions sont contradictoires et inconciliables, *ou* irrégulières, incomplètes, équivoques..... ,
Renvoie les 12 jurés dans leur chambre pour rectifier, *ou* régulariser, *ou* compléter leur déclaration.

Une erreur purement matérielle, telle que sur la date du verdict, peut être rectifiée à l'audience même, sur la simple invitation du Président (Cass. 27 déc. 1873).

Lorsque la déclaration est affirmative pour les uns et négative pour les autres, il est préférable de faire d'abord rentrer ceux-ci et de leur donner leur liberté ; on fait ensuite venir ceux qui doivent être condamnés.

C'est la Cour, et non le Président, qui a qualité pour ordonner la *restitution des objets saisis* à leur propriétaire, dans le cas d'acquittement comme dans le cas de condamnation ou d'absolution (art. 366 C I C).

Dommages-intérêts à partie civile

ARRÊT :

La Cour, statuant sur les conclusions de X, partie civile,
Après avoir entendu l'avocat de X, M l'Avocat Général, l'accusé et son conseil,
Et après en avoir délibéré,
Considérant que si des réponses négatives du jury aux questions qui lui étaient posées, il résulte que N n'est pas coupable du crime dont il était accusé, ces réponses ne portent que sur la culpabilité et non sur la matérialité des faits; qu'il demeure établi aux débats que N a (préciser le fait et la faute, distincte du crime, qui constituent le quasi-délit. — V. Cass. 26 mars 1885 et 25 mars 1887); que N a ainsi causé à X un préjudice dont il lui doit réparation ; que la Cour possède les éléments suffisants pour évaluer ce préjudice ;
Vu les art. 358, 359, 366 C I C; 1382 et 1383 C C,
Condamne N à payer à X, à titre de dommages-intérêts, la somme de.......

Sur les frais,

Considérant que N étant acquitté de l'accusation, la partie civile succombe sur l'instance criminelle ; qu'elle doit donc supporter les frais de la poursuite (art. 368 C I C) ;
Condamne X par corps aux frais envers l'État.......

Délibération du jury *Le jury délibère dans la chambre affectée à cet usage* (LL. 13 mai 1836 et 9 juin 1853).

Retour du jury (Quand les jurés sont rentrés dans l'auditoire et ont repris leur place,) L'audience est reprise.

M le Chef du jury, veuillez faire connaître le résultat de votre délibération (art. 348 C I C).

1re lecture de la déclaration Le Chef du jury se lève, et, la main placée sur son cœur, il lit ainsi : « Sur « mon honneur et ma conscience, devant Dieu et devant les hommes, la décla- « ration du jury est : 1er fait, oui à la majorité ; circonstances, 1re, 2e..... — « 2e fait, non..... etc. » (art. 348 C I C).

Vérification Veuillez me faire remettre la feuille de votre déclaration.

Vérifier si les réponses sont régulières en la forme.

Puis le Président signe lui-même la déclaration du jury et la fait signer par le greffier (art. 349 C I C).

Rentrée de l'accusé Gendarmes, faites rentrer l'accusé.

2e lecture de la déclaration M le greffier, donnez lecture de la déclaration du jury (art. 357 C I C).

ACQUITTEMENT

Acquittement *Si l'accusé est déclaré non coupable,*

ORDONNANCE :

Nous, Président de la Cour d'Assises,

Vu la déclaration du jury portant que N n'est pas coupable,

En vertu des pouvoirs qui nous sont conférés par l'art. 358 C I C,

Déclarons N acquitté de l'accusation et ordonnons qu'il soit mis en liberté, s'il n'est retenu pour autre cause.

N, vous êtes libre.

Absolution

ARRÊT :

La Cour,
Vu la déclaration du jury portant que N est coupable de. ....,
Ouï M l'Avocat Général, l'accusé et son conseil,
Après en avoir délibéré,
Considérant que le fait déclaré constant par le jury n'est pas défendu par une Loi pénale, *ou* est prescrit .... etc...,
Considérant néanmoins que les poursuites ont été occasionnées par la faute de N; qu'il doit donc en supporter les frais;
Vu les art 364 C I C, 1382 C C et 368 C I C,
Déclare N absous de l'accusation et ordonne qu'il soit mis en liberté, s'il n'est retenu pour autre cause; le condamne par corps aux frais envers l'État.......

Minorité de 16 ans

Le mineur de 16 ans (V. art. 340 C I C) *qui a agi avec discernement*, est condamné à une peine mitigée (art. 67 C P) et aux frais, mais sans contrainte par corps (L. 22 juillet 1867, art. 13).

S'il a agi sans discernement, il est acquitté.

ARRÊT :

La Cour,
Vu la déclaration du jury portant que N est coupable de. ..., mais qu'il a agi sans discernement,
Ouï M l'Avocat général en ses réquisitions, l'accusé et son conseil en leurs observations,
Après en avoir délibéré,
Considérant qu'il y a lieu de (mesure à prendre, dans l'intérêt de l'enfant,) et de le condamner aux frais, qu'il a occasionnés par sa faute,
Lui faisant application des articles .... 66 C P, 1382 C C et 368 C I C,
Acquitte N; Ordonne qu'il sera remis à ses parents, *ou* qu'il sera conduit dans une maison de correction, pour y être élevé et détenu jusqu'à l'époque où il aura accompli sa 20e année; le condamne aux frais envers l'État.

Condamnation envers la partie civile

ARRÊT :

La Cour.. ....,
Et statuant sur les conclusions de X, partie civile (V. art. 362 et 363 C I C),
Considérant que le crime déclaré constant par le jury à la charge de N, a porté préjudice à X; que ce préjudice doit être réparé; que la Cour a les éléments nécessaires pour en apprécier le montant;
Vu les art. 359, 366 et 368 C I C, (V. aussi art. 51 C P),
Condamne par corps N à payer à X, à titre de dommages-intérêts, la somme de.....; le condamne également par corps aux frais envers l'État et envers la partie civile......

Et attendu que l'assistance d'un avoué à la partie civile a été motivée par un légitime intérêt de défense (V. Cass. 12 déc. 1873),
Condamne, en outre, N à rembourser à X les *émoluments dudit avoué.*

ARRÊT DE CONDAMNATION

Réquisition et défense

Si l'accusé est déclaré coupable,

M l'Avocat Général, veuillez faire votre réquisition pour l'application de la Loi.

Me N, vous avez la parole sur l'application de la peine;

Accusé, avez-vous des observations à présenter ? (art. 362 et 363 C I C).

La Cour va en délibérer, *ou* se retire dans la chambre du conseil pour délibérer (art. 369 C I C).

MOTIFS (FORMULE ET TEXTES GÉNÉRAUX)

Motifs généraux

La Cour,

Vu la déclaration du jury portant que N est coupable de......,

Ouï M l'Avocat Général en ses réquisitions, l'accusé et son conseil en leurs observations,

Après en avoir délibéré,

Considérant que le fait déclaré constant par le jury constitue le crime prévu et puni par les articles..... du Code Pénal,

Faisant à N application desdits articles, ainsi que des articles......., lesquels sont ainsi conçus (lire les textes de loi qui portent la peine prononcée, art. 369 C I C);

Textes généraux

Circonstances atténuantes — art. 463 C P.

Interdiction de séjour — art. 46, 47 C P et 19 L. 27 mai 1885.

Non-cumul et confusion des peines — art. 365 § 2 C I C.

Frais de justice — art. 368 C I C.

Contrainte par corps — art. 52 C P ; LL. 22 juillet 1867 et 19 déc. 1871.

Solidarité — art. 55 C P.

Restitution des objets saisis — art. 366 C I C.

Récidive — art. 56, 57 et 58 C P.

Relégation — L. 27 mai 1885.

Sursis à exécution — L. 26 mars 1891.

Déchéance de la puissance paternelle — L. 24 juillet 1889.

DISPOSITIF (FORMULES ET TEXTES SPÉCIAUX)

Peine capitale

Art. 12 et 26 C P (mode et lieu d'exécution) — 36 C P (affichage) — 368 C I C (frais).

Condamne N à la *peine de mort,*

Dit que l'exécution se fera sur une des places publiques de la ville de (ordinairement au chef-lieu de la Cour d'Assises),

Ordonne l'impression et l'affichage du présent arrêt,

Condamne N aux frais envers l'État.

Art. 463 CP « Les peines prononcées par la Loi contre celui ou ceux des accusés reconnus coupables, en faveur « de qui le jury aura déclaré les *circonstances atténuantes*, seront modifiées ainsi qu'il suit :
« Si la peine prononcée par la Loi est la *mort*, la Cour appliquera la peine des T F P ou celle des T F T;
« Si la peine est celle des T F *à perpétuité*, la Cour appliquera la peine des T F T ou celle de la R;
« Si la peine est celle des T F *à temps*, la Cour appliquera la peine de la R ou les dispositions de « l'art. 401, sans toutefois pouvoir réduire la durée de l'emprisonnement au-dessous de 2 ans;
« Si la peine est celle de la *réclusion* ...., la Cour appliquera les dispositions de l'art. 401, sans toutefois « pouvoir réduire la durée de l'emprisonnement au-dessous d'un an;
« Dans le cas où le Code prononce le *maximum* d'une peine afflictive, s'il existe des circonstances « atténuantes, la Cour appliquera le minimum de la peine ou même la peine inférieure....... »

Art. 365 CIC « ..... En cas de conviction de *plusieurs crimes* ou délits, la peine la plus forte sera seule prononcée. »

Art. 368 CIC « L'accusé ou la partie civile qui succombera, sera condamné aux frais envers l'État et envers « l'autre partie....... »

Art. 55 CP « Tous les individus condamnés pour un même crime ou pour un même délit, seront tenus solidaire- « ment des amendes, des restitutions, des dommages-intérêts et des frais. »

Art. 19 CP « La condamnation à la peine des T F *à temps* sera prononcée pour 5 ans au moins et 20 ans au « plus. »
Pour les *sexagénaires*, les T F sont remplacés par la R (L. 30 mai 1854, art. 5).

Art. 21 CP « ..... La durée de la peine de la *Réclusion* sera au moins de 5 années et de 10 ans au plus. »

Art. 36 CP « Tous arrêts qui porteront la peine de mort, des T F à perpétuité et à temps....., de la réclusion...., « seront imprimés par extrait. — Il seront affichés dans la ville centrale du département, dans celle « où l'arrêt aura été rendu, dans la commune du lieu où le délit aura été commis, dans celle où se « fera l'exécution et dans celle du domicile du condamné. »

Art. 401 CP « Les autres vols... seront punis d'un emprisonnement d'un an au moins et de 5 ans au plus..... »

Quand le fait se trouve réduit par le verdict à un *simple délit*, la décision du jury relative aux circonstances atténuantes ne lie plus la Cour (Cass. 23 déc. 1880).

Il peut être *demandé acte* à la Cour d'irrégularités prétendues, jusqu'à l'arrêt de condamnation, et même immédiatement après, tant que la séance n'est pas levée.

Travaux forcés à perpétuité Art. 36 C P (affichage) — 368 C I C (frais).

Condamne N aux *travaux forcés à perpétuité,*
Ordonne l'impression et l'affichage du présent arrêt,
Condamne N aux frais envers l'État.

Travaux forcés à temps Art. 19 C P (durée) — 36 C P (affichage) — 368 C I C (frais).

Condamne N à..... ans de *travaux forcés,*
Le dispense de l'interdiction de séjour,
Ordonne l'impression et l'affichage du présent arrêt,
Condamne N aux frais envers l'État et fixe au minimum la durée de la contrainte par corps.

Réclusion Art. 21 C P (durée) — 36 C P (affichage) — 368 C I C (frais).

Condamne N à..... ans de *réclusion,*
Le dispense de l'interdiction de séjour,
Ordonne l'impression et l'affichage du présent arrêt,
Condamne N aux frais envers l'État et fixe au minimum la durée de la contrainte par corps.

Emprisonnement Art 463 C P (circonstances atténuantes) — 401 C P (durée) — 368 C I C (frais).

Condamne N à..... ans d'*emprisonnement,*
Le condamne aux frais envers l'État et fixe au minimum la durée de la contrainte par corps.

Condamnation pour délit Art. 365 § 1 C I C (compétence) — 194 C I C (frais).

Condamne N à..... ans *ou* mois d'*emprisonnement,*
Le condamne aux frais envers la partie publique et fixe au minimum la durée de la contrainte par corps.

Après avoir prononcé l'arrêt, le Président peut exhorter le condamné à la fermeté, à la résignation ou à réformer sa conduite (art. 371 C I C).

Avertissement Condamné, je vous avertis que vous avez la faculté de vous pourvoir en cassation, dans le délai de 3 jours francs (art. 371 et 373 C I C).

Gendarmes, emmenez le condamné.

Levée de l'audience L'audience est levée.

Clôture de la session (Après la dernière affaire,) La session est terminée.

DIVISION DU FORMULAIRE :

On peut suivre sur le *recto* la marche de l'audience ordinaire.

Le *verso* est consacré aux incidents qui se produisent le plus souvent ; il contient en outre quelques notes d'utilité immédiate.

www.ingramcontent.com/pod-product-compliance
Ingram Content Group UK Ltd.
Pitfield, Milton Keynes, MK11 3LW, UK
UKHW020455220726
13923UKWH00006B/2562